AF195005

Impressum
Verlag: BABADADA GmbH, Nedderfeld 112 , 22529 Hamburg
Geschäftsführer / Verlagsleitung: Harald Hof
Druck: Books on Demand GmbH, In de Tarpen 42, 22848 Norderstedt

Imprint
Publisher: BABADADA GmbH, Nedderfeld 112 , 22529 Hamburg, Germany
Managing Director / Publishing direction: Harald Hof
Print: Books on Demand GmbH, In de Tarpen 42, 22848 Norderstedt, Germany

դպրոց

школа

մատյան
класна кімната
բաժանել
ділити
186/2
գրատախտա
կ
дошка
խաղադաշտ
шкільний двір
ուսուցիչ
вчитель
թուղթ
папір
գրել
писати
գրիչ
ручка
գրասեղան
письмовий стіл
քանոն
лінійка
գիրք
книга
աշակերտ
учень

պայուսակ

ранець

գրչատուփ

пенал

մատիտ

олівець

մատիտի սրիչ

точило

ռետին

гумка

նկարչական ալբոմ

альбом для малювання

նկարչություն

малюнок

վրձին

пензель

ներկերի տուփ

коробка фарб

մկրատ

ножиці

սոսինձ

клей

տետր

зошит

Տնային աշխատանք

домашнє завдання

12

թիվ

число

2+2

գումարել

додавати

5-2

հանել

віднімати

2×2

բազմապատկել

множити

հաշվել

рахувати

A

տառ

літера

ABCDEFG
HIJKLMN
OPQRSTU
VWXYZ

այբուբեն

абетка

hello

բառ

слово

տեքստ

текст

կարդալ

читати

կավիճ

крейда

դաս

година

մատյան

класний журнал

քննություն

екзамен

վկայական

диплом

դպրոցական համազգեստ

шкільна форма

կրթություն

освіта

հանրագիտարան

лексикон

համալսարան

університет

մանրադիտակ

мікроскоп

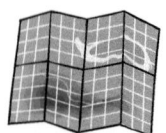

քարտեզ

карта

աղբարկղ

кошик для паперу

ճանապարհորդություն

подорож

հյուրանոց
готель
Grand
հանրակացարա
ն
турбаза
ROOMS
EXCHANGE
փոխանակման
կետ
обмінний пункт
ճամպրուկ
валіза
ավտոմեքենա
автомобіль

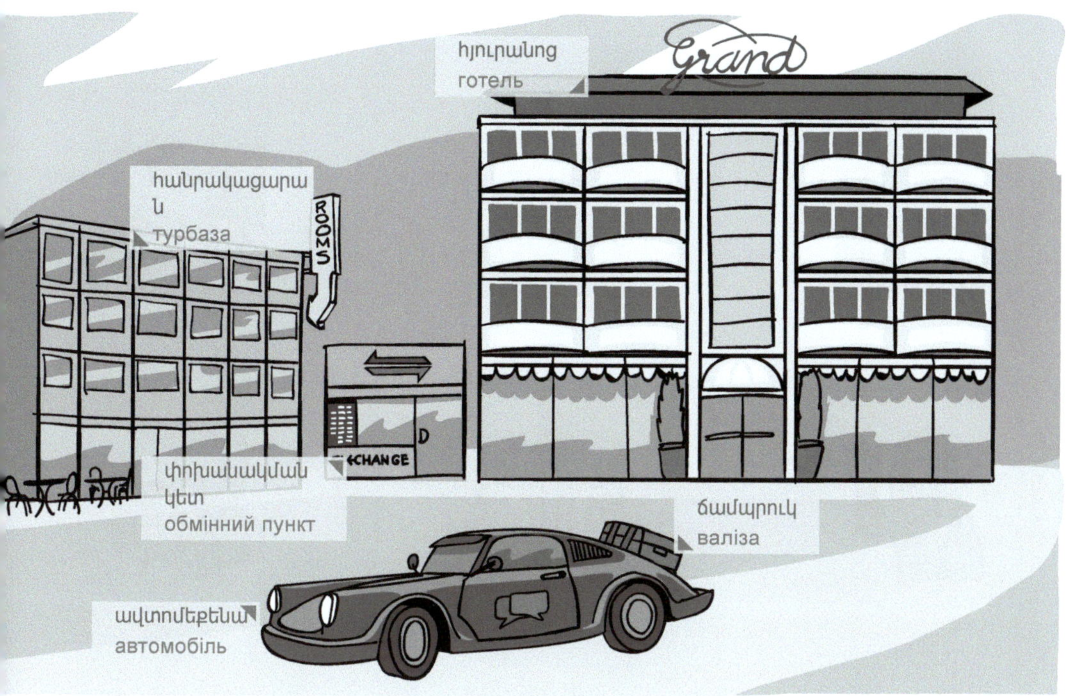

լեզու

мова

այո / ոչ

так / ні

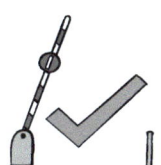

Լավ

добре

ողջույն

привіт

թարգմանիչ

перекладач

Շնորհակալություն

дякую

Որքա՞ն է ...?

Скільки коштує ...?

Ես չեմ հասկանում

Я не розумію

խնդիր

проблема

Բարի երեկո

Добрий вечір!

Բարի լույս

Доброго ранку!

Բարի երեկո

На добраніч!

ցտեսություն

До побачення

ուղղություն

напрямок

ուղեբեռ

багаж

պայուսակ

сумка

մեջքի պայուսակ

рюкзак

հյուր

гість

սենյակ

кімната

քնապարկ

спальний мішок

վրան

намет

Զբոսաշրջության տեղեկատվական
....
туристична інформація

լողափ
....
пляж

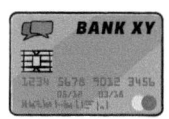

ԿՐԵԴԻՏ քարտ
....
кредитна картка

նախաճաշ
....
сніданок

լանչ
....
обід

ճաշ
....
вечеря

տոմս
....
квиток

վերելակ
....
ліфт

կնիք
....
поштова марка

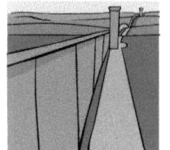

սահման
....
межа

մաքսային
....
митниця

դեսպանություն
....
посольство

Մուտքի արտոնագիր
....
віза

անձնագիր
....
паспорт

Փոխադրամիջոցներ

транспорт

ինքնաթիռ
літак
նավ
корабель
հրշեջ մեքենա
пожежна машина
ավտոբուս
автобус
բեռնատար մեքենա
вантажний автомобіль
մոտորանավակ
моторний човен
հեծանիվ
велосипед
ավտոմեքենա
автомобіль

լաստանավ

пором

նավակ

човен

մոտոցիկլ

мотоцикл

ոստիկանության մեքենա

поліцейська машина

մրցարշավային մեքենա

гоночний автомобіль

վարձակալվող մեքենա

автомобіль на прокат

մեքենայի վարձակալում

спільне користування авто

Էվակուատոր

евакуатор

աղբահանության մեքենա

сміттєвоз

շարժիչ

двигун

վառելիք

паливо

բենզալցակայան

автозаправна станція

երթևեկության նշան

дорожній знак

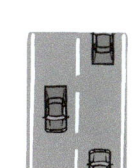

երթևեկություն

рух

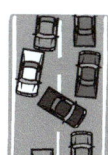

խցանում

затор

ավտոկանգառ

стоянка

երկաթուղային կայարան

вокзал

երկաթուղագիծ

рейки

գնացք

потяг

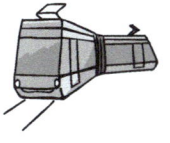

տրամվայ

трамвай

վագոն

вагон

ուղղաթիռ

гелікоптер

օդանավակայան

аеропорт

աշտարակ

вежа

ուղեւոր

пасажир

աման

контейнер

խավաքարտ

коробка

սայլ

візок

զամբյուղ

кошик

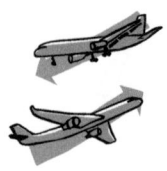

հանեք / հողատարածք

стартувати / приземлятися

քաղաք

місто

գյուղ

село

քաղաքի կենտրոնում

центр міста

տուն

дім

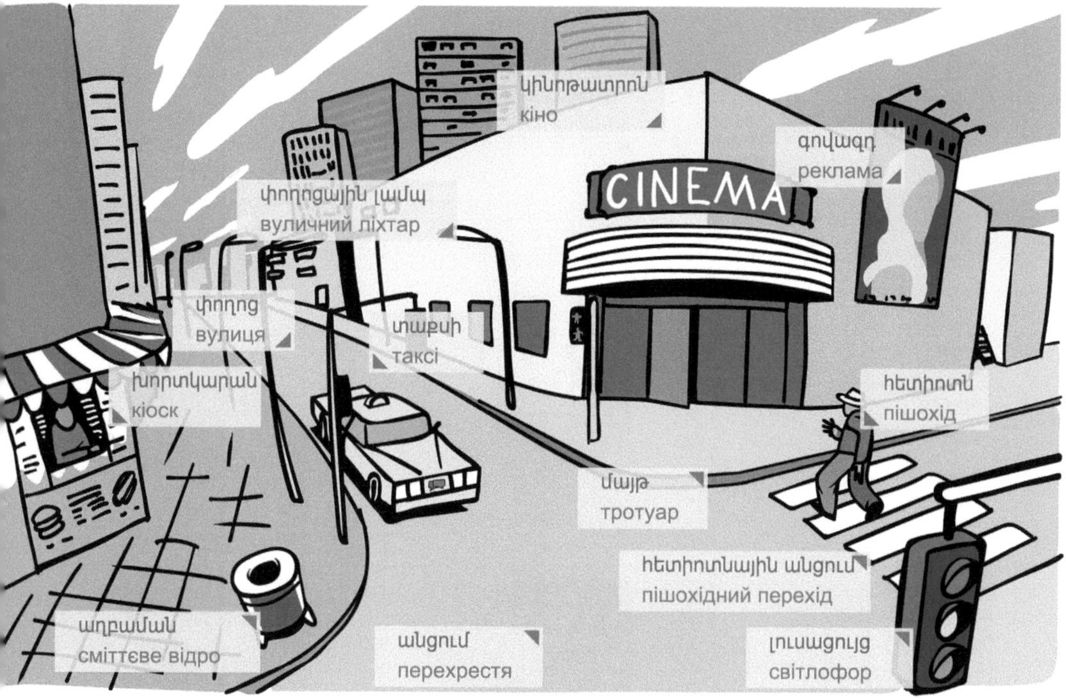
CINEMA
կինոթատրոն
кіно
գովազդ
реклама
փողոցային լամպ
вуличний ліхтар
փողոց
вулиця
տաքսի
таксі
խորտկարան
кіоск
հետիոտն
пішохід
մայթ
тротуар
հետիոտնային անցում
пішохідний перехід
աղբաման
сміттєве відро
անցում
перехрестя
լուսացույց
світлофор

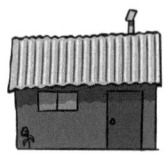

խրճիթ

хатина

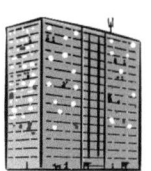

բնակարան

квартира

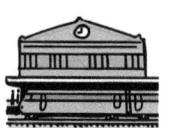

երկաթուղային կայարան

вокзал

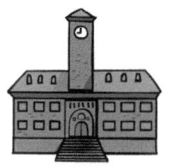

քաղաքապետարան

ратуша

MUSEUM

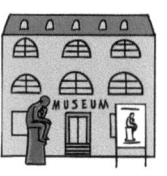

թանգարան

музей

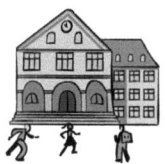

դպրոց

школа

համալսարան

університет

բանկ

банк

հիվանդանոց

лікарня

հյուրանոց

готель

դեղատուն

аптека

գրասենյակ

офіс

գրքույկ խանութ

книжковий магазин

խանութ

магазин

ծաղկի խանութ

квітковий магазин

սուպերմարկետ

супермаркет

շուկա

ринок

հանրախանութ

універмаг

ձկան խանութ

торговець рибою

առեւտրի կենտրոն

торговельний центр

նավահանգիստ

гавань

զբոսայգի

парк

բանկերը

лава

կամուրջ

міст

աստիճաններ

сходи

մետրո

метро

թունել

тунель

ավտոբուսի կանգառ

автобусна зупинка

բար

бар

ռեստորան

ресторан

փոստարկղ

поштова скринька

փողոցային նշան

вулична табличка

ավտոկայանման հաշվիչ

лічильник паркування

կենդանաբանական այգի

зоопарк

լողավազան

басейн

մզկիթ

мечеть

ֆերմա

ферма

աղտոտման

забруднення
навколишнього
середовища

գերեզմանոց

кладовище

եկեղեցի

церква

խաղահրապարակ

дитячий майданчик

տաճար

храм

բնապատկեր
ландшафт

фешл
листок

ուղղության նշան
вказівний стовп

ճանապարհի
шлях

մարգագետին
луг

քար
камінь

ծառ
дерево

արշավականներ
мандрівник

գետ
річка

խոտ
трава

ծաղիկ
квітка

հովիտ

долина

բլուր

гора

լիճ

озеро

անտառ

ліс

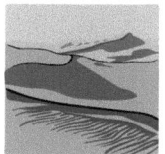

անապատ

пустеля

հրաբուխ

вулкан

ամրոց

замок

ծիածան

веселка

սունկ

гриб

արմավենու ծառ

пальма

մժեղ

комар

ճանճ

муха

մրջյուն

мурашка

մեղու

бджола

սարդ

павук

բզեզ

жук

գորտ

жаба

սկյուռ

вивірка

ոզնի

їжак

նապաստակ

заєць

բու

сова

թռչուն

птах

կարապ

лебідь

վարազ

кабан

եղջերու

олень

իշայծյամ

лось

պատնեշ

гребля

քամին տուրբինների

вітряк

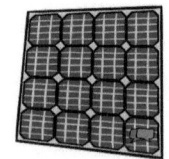

արեւային վահանակ

сонячний модуль

կլիմա

клімат

ռեստորան

ресторан

մատուցող
офіціант
մենյու
меню
աթոռ
стілець
ապուր
суп
պիցցա
піца
սփռոց
скатертина
սպասք
столові прилади

ստարտեր

закуска

հիմնական կերակուր

друга страва

դեսերտ

десерт

օրական

напої

սնունդ

їжа

շիշ

пляшка

արագ սնունդ

фаст-фуд

streetfood

вулична їжа

թեյնիկ

чайник

շաքարաման

цукорниця

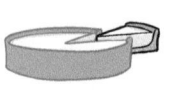

բաժին

порція

էսպրեսսո մեքենա

еспресо-машина

մանկական աթոռ

високий стільчик

օրինագիծ

рахунок

սկուտեղ

піднос

դանակ

ніж

պատառաքաղ

вилка

գդալ

ложка

թեյի գդալ

чайна ложка

անձեռոցիկ

серветка

ապակի

склянка

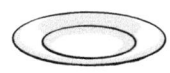

ափսե

тарілка

խոր ափսե

тарілка для супу

պնակ

блюдце

սոուս

соус

աղաման

солонка

պղպեղի աղաց

млин для перцю

քացախ

оцет

ձեթ

масло

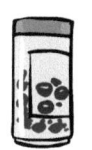

համեմունքներ

спеції

կետչուպ

кетчуп

մանանեխ

гірчиця

մայոնեզ

майонез

սուպերմարկետ

супермаркет

հատուկ առաջարկ
пропозиція
FOR
հաճախորդ
клієнт
Dairy
молочні продукти
միրգ
фрукти
գնումների սայլակ
візок для покупок

մսամթերքի խանութ

м'ясний магазин

հացամթերքի խանութ

пекарня

կշռել

зважувати

բանջարեղեն

овочі

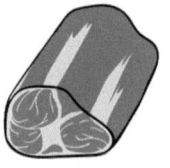

միս

м'ясо

սառեցված սննդամթերքի

заморожені продукти

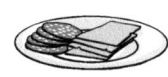

երշիկեղեն

ковбасна нарізка

պահածոների

консерви

լվացքի փոշի

пральний порошок

քաղցրավենիք

солодощи

տնտեսական ապրանքներ

предмети домашнього побуту

մաքրող միջոցներ

мийний засіб

վաճառող

продавщиця

դրամարկղ

каса

գանձապահ

касир

գնումների ցուցակ

список покупок

ժամերը

часи роботи

դրամապանակ

гаманець

ԿՐԵԴԻՏ քարտ

кредитна картка

պայուսակ

сумка

պլաստիկ տոպրակ

поліетиленовий пакет

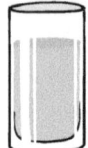

օրական

напої

ջուր

вода

հյութ

сік

կաթ

молоко

կոլա

кола

գինի

вино

գարեջուր

пиво

սպիրտ

алкоголь

կակաո

какао

թեյ

чай

սուրճ

кава

էսպրեսսո

еспресо

կապուչինո

капучіно

սնունդ

їжа

բանան

банан

խնձոր

яблуко

նարնջի

апельсин

սեխ

кавун

կիտրոն

лимон

գազար

морква

սխտոր

часник

բամբուկ

бамбук

սոխ

цибуля

սունկ

гриб

ընկուզեղեն

горішки

արիշտա

локшина

սպագետտի
....
спагеті

բրինձ
....
рис

աղցան
....
салат

չիպս
....
картопля фрі

տապակած կարտոֆիլ
....
смажена картопля

պիցցա
....
піца

համբուրգեր
....
гамбургер

սենդվիչ
....
бутерброд

կոտլետ
....
шніцель

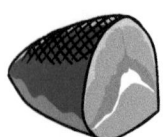

խոզապուխտ
....
шинка

սալյամի
....
салямі

երշիկ
....
ковбаса

հավ
....
курка

խորոված
....
печеня

ձուկ
....
риба

վարսակի փաթիլներ

вівсяні пластівці

մյուսլի

мюслі

եգիպտացորենի փաթիլներ

кукурудзяні пластівці

ալյուր

борошно

կրուասան

круасан

բուլկի

булочка

հաց

хліб

տոստ

тостовий хліб

թխվածքաբլիթներ

печиво

կարագ

масло

կաթնաշոռ

сир

տորթ

пиріг

ձու

яйце

տապակած ձու

яєчня

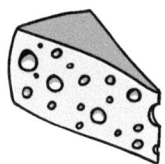

պանիր

сир

սնունդ - їжа

պաղպաղակ

морозиво

շաքար

цукор

մեղր

мед

ջեմ

мармелад

նուգա սերուցք

нуга-крем

կարրի

карі

ֆերմա
ферма

ֆերմային տնակ
сільський будинок
գոմ
комора
ծղոտի դեզ
солом'яні тюки
դաշտ
поле
кінь
կցասայլ
причіп
տրակտոր
трактор
քուռակ
лоша
ավանակ
віслюк
ոչխար
вівця
գառ
ягня

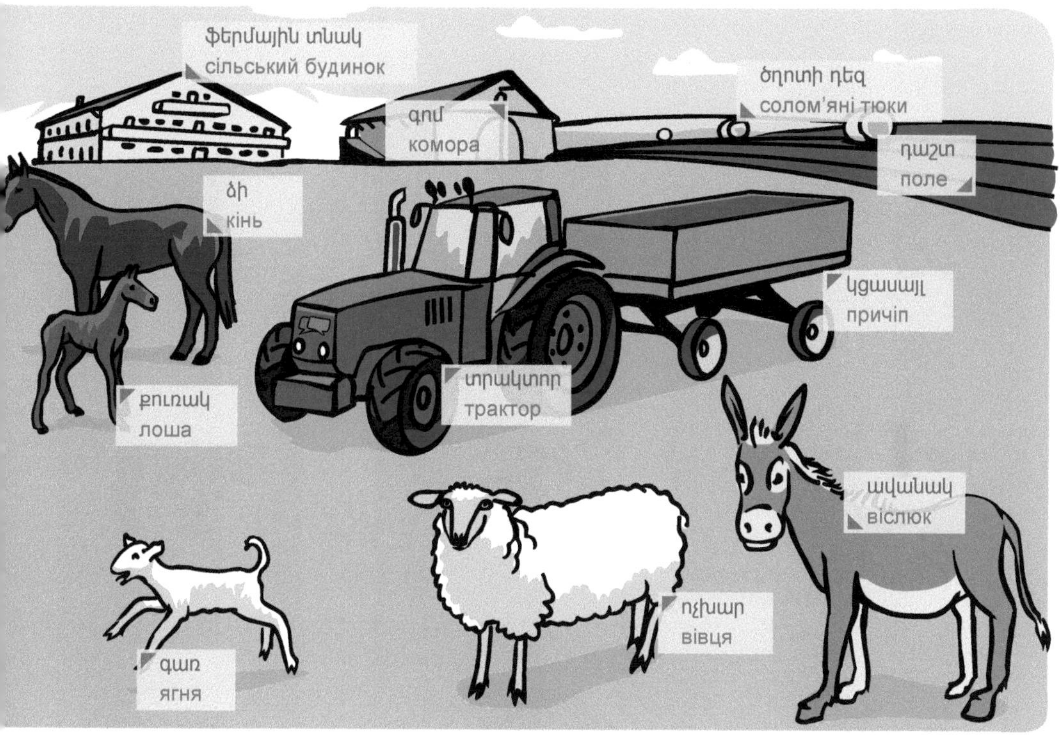

այծ
коза

կով
корова

հորթ
теля

խոզ
свиня

խոճկոր
порося

ցուլ
бик

սագ
······
гусак

բադ
······
качка

ճուտ
······
курча

հավ
······
курка

աքլոր
······
півень

առնետ
······
щур

կատու
······
кіт

մուկ
······
миша

ցուլ
······
віл

շուն
······
собака

շան բուն
······
собача будка

այգու փողրակ
······
садовий шланг

watering կարող է
······
лійка

գերանդի
······
коса

գութան
······
плуг

մանգաղ

серп

թոխր

мотика

եղան

вила

կացին

сокира

միանիվ ձեռնասայլակ

тачка

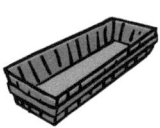

կերակրատաշտ

корито

կաթի բիդոն

бідон молока

պարկ

мішок

ցանկապատ

паркан

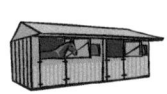

կայուն

хлів

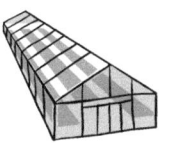

ջերմոց

теплиця

հող

ґрунт

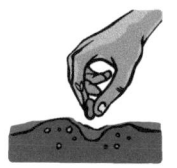

սերմ

насіння

պարարտանյութ

добриво

բերքահավաք կոմբայն

комбайн

բերք

пожинати

բերք

урожай

յամս

корінь ямсу

ցորեն

пшениця

սոյա

соя

կարտոֆիլ

картопля

եգիպտացորեն

кукурудза

rapeseed

ріпак

մրգային ծառ

плодове дерево

manioc

маніок

շիլաներ

злаки

տուն

дім

ծխնելույզ
димохід
տանիք
дах
ջրհորդան խողովակ
водостічний лоток
պատուհան
вікно
ավտոտնակ
гараж
դռան զանգ
дзвінок
դուռ
двері
աղբարկղ
відро для сміття
փոստարկղ
поштова скринька
պարտեզ
сад

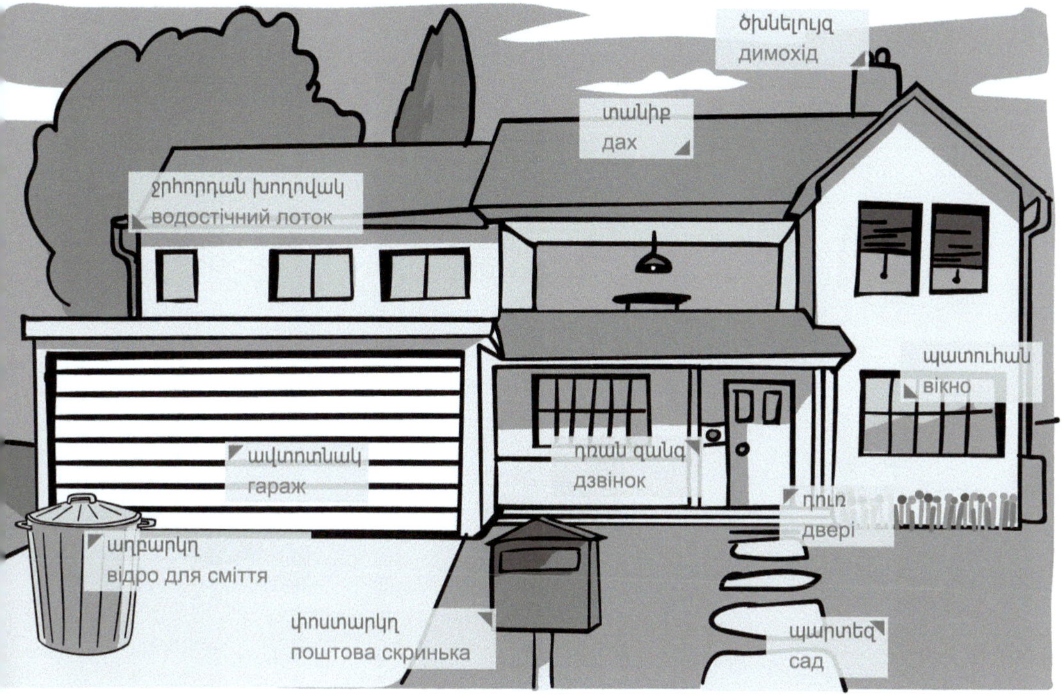

հյուրասենյակ

вітальня

լողասենյակ

ванна кімната

խոհանոց

кухня

ննջարան

спальня

մանկական սենյակ

дитяча кімната

ճաշասենյակ

їдальня

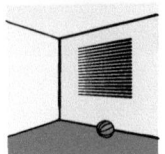

հարկ
підлога

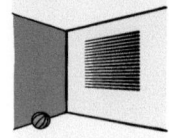

պատ
стіна

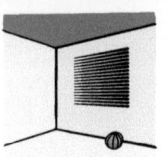

առաստաղ
стеля

նկուղ
підвал

շոգեբաղնիք
сауна

պատշգամբ
балкон

պատշգամբ
тераса

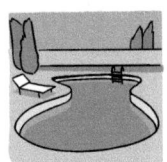

ավազան
басейн

խոտհնձիչ
косарка

թերթ
простирало

անկողնու ծածկոց
ковдра

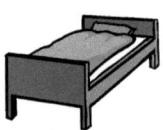

մահճակալ
ліжко

ավել
мітла

դույլ
відро

անջատիչ
перемикач

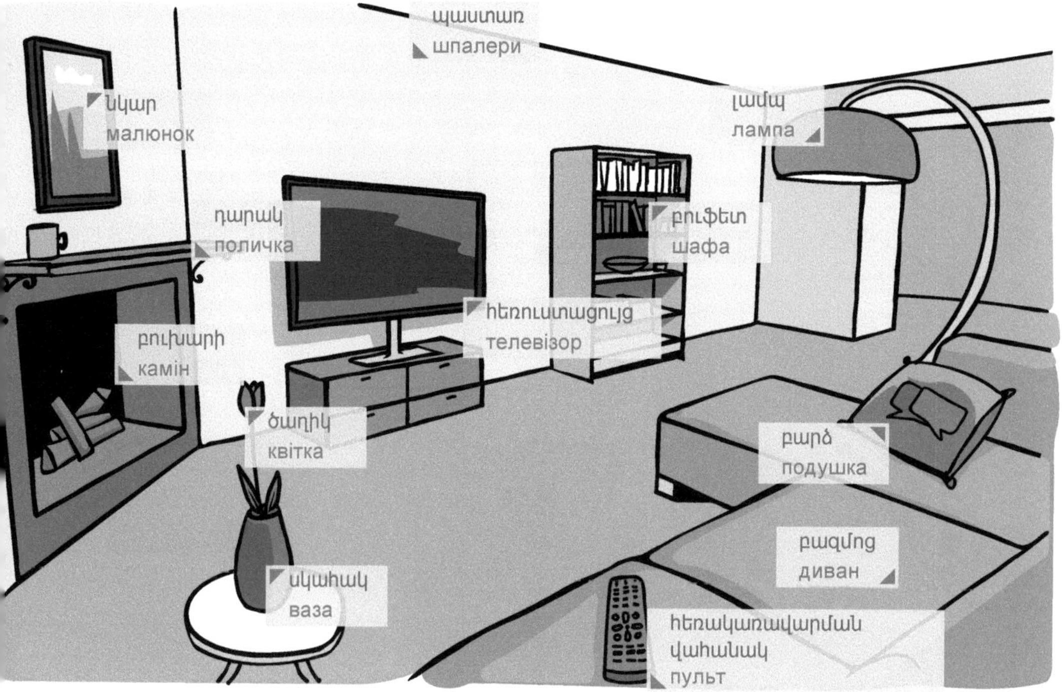

պաստառ
шпалери

նկար
малюнок

լամպ
лампа

դարակ
поличка

բուֆետ
шафа

բուխարի
камін

հեռուստացույց
телевізор

ծաղիկ
квітка

բարձ
подушка

բազմոց
диван

սկահակ
ваза

հեռակառավարման վահանակ
пульт

գորգ
....
килим

վարագույր
....
завіса

սեղան
....
стіл

աթոռ
....
стілець

ճոճվող բազկաթոռ
....
крісло-гойдалка

բազկաթոռ
....
крісло

գիրք

книга

վերմակ

ковдра

զարդարանք

прикраса

վառելափայտ

дрова

ֆիլմ

фільм

hi-fi

стереосистема

բանալի

ключ

թերթ

газета

նկար

картина

պլակատ

плакат

ռադիո

радіо

տետր

блокнот

փոշեկուլ

пилосос

կակտուս

кактус

մոմ

свічка

խոհանոց
кухня

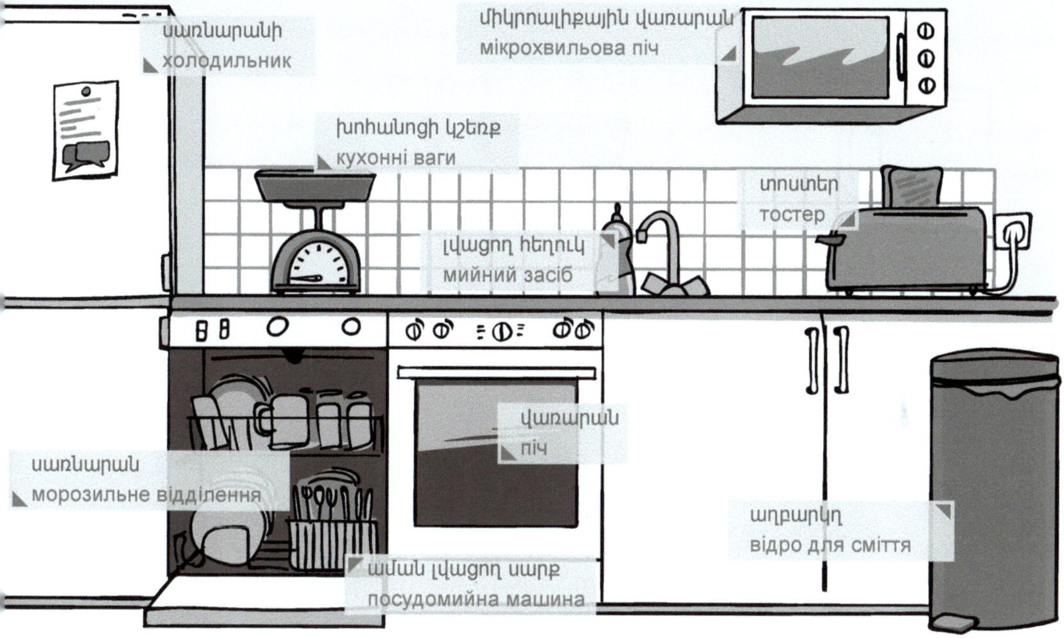
սառնարանի
холодильник
միկրոալիքային վառարան
мікрохвильова піч
խոհանոցի կշեռք
кухонні ваги
տոստեր
тостер
լվացող հեղուկ
мийний засіб
վառարան
піч
սառնարան
морозильне відділення
աղբարկղ
відро для сміття
աման լվացող սարք
посудомийна машина

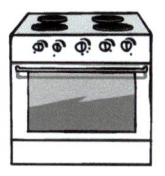

կաթսա

плита

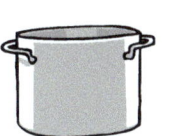

կճուճ

горщик

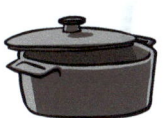

թուջե աման

чавунний горщик

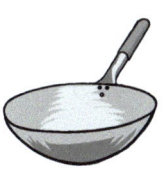

wok / kadai

вок / кадай

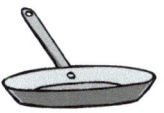

թավա

сковорода

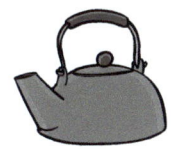

թեյնիկ

чайник

շոգենավ

пароварка

ջեռոցի սկուտեղ

лист

ամաններն

посуд

բաժակ

кухоль

խորը աման

чаша

փայտիկներ

палички для їжі

շերեփ

черпак

խոհանոցային բահիկ

лопатка

հարել

вінчик для збивання

քամիչ

сито

մաղ

сито

քերիչ

терка

հավանգ

ступка

խորոված

барбекю

բաց կրակի

багаття

տախտակ

дошка

գրտնակ

качалка

խցանահան

штопор

բանկա

консерва

բացիչ

відкривачка

խոհանոցային բռնիչ

прихватки

լվացարան

раковина

խոզանակ

щітка

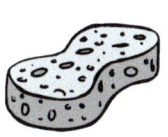

սպունգ

губка

բլենդեր

міксер

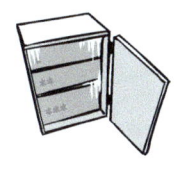

սառնարան

морозильна камера

մանկական շիշ

дитяча пляшка

թակել

кран

լողասենյակ

ванна кімната

ջեռուցում
опалення
ցնցուղ
душ
սրբիչ
рушник
լոգարանի վարագույր
душова завіса
փրփուրով վաննա
пiниста ванна
ванна
ապակի
склянка
լվացքի մեքենա
пральна машина
թակել
кран
սալիկներ
плитка
մանր
горшок
լվացարան
раковина

զուգարան

туалет

կզելը զուգարան

підлоговий туалет

բիդե

біде

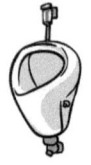

pissoir

пісуар

զուգարանի թուղթ

туалетний папір

զուգարանի խոզանակ

щітка для туалету

ատամի խոզանակ

зубна щітка

ատամի քսուք

зубна паста

ատամի թել

нитка для чищення зубів

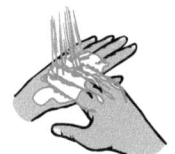

լվանալ

мити

ձեռքի ցնցուղ

ручний душ

ցնցուղ

інтимний душ

ավազան

таз

մեջքի խոզանակ

щітка для спини

օճառ

мило

լոգանքի գել

гель для душу

շամպուն

шампунь

ճիլոպ

мочалка

հատականցք

водостік

կրեմ

крем

դեզոդորանտ

дезодорант

հայելի

дзеркало

ձեռքի հայելի

косметичне дзеркало

սափրիչ

бритва

Սափրվելու փրփուր

піна для гоління

սափրվելուց հետո քսվող լոսյոն

лосьйон після гоління

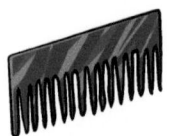

սանր

гребінь

խոզանակ

щітка

մազերի չորացուցիչ

фен

մազի լաք

лак для волосся

դիմահարդարում

косметика

շրթնաներկ

губна помада

եղունգների լաք

лак для нігтів

բամբակ

вата

եղունգների մկրատ

ножиці для нігтів

օծանելիք

парфум

դիմահարդարման պայուսակ
косметичка

աթոռակ
табурет

կշեռք
ваги

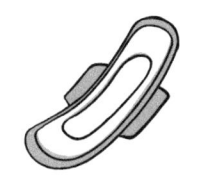

լողանալու խալաթ
халат

ռետինե ձեռնոցներ
гумові рукавички

տամպոն
тампон

սանիտարական սրբիչ
гігієнічні прокладки

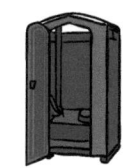

քիմիական զուգարան
біотуалет

մանկական սենյակ

дитяча кімната

զարթուցիչ ժամացույց
будильник
փափուկ խաղալիք
м'яка іграшка
խաղալիք մեքենա
іграшковий автомобіль
չըխկան
брязкальце
տիկնիկների տնակ
ляльковий будиночок
նվեր
подарунок

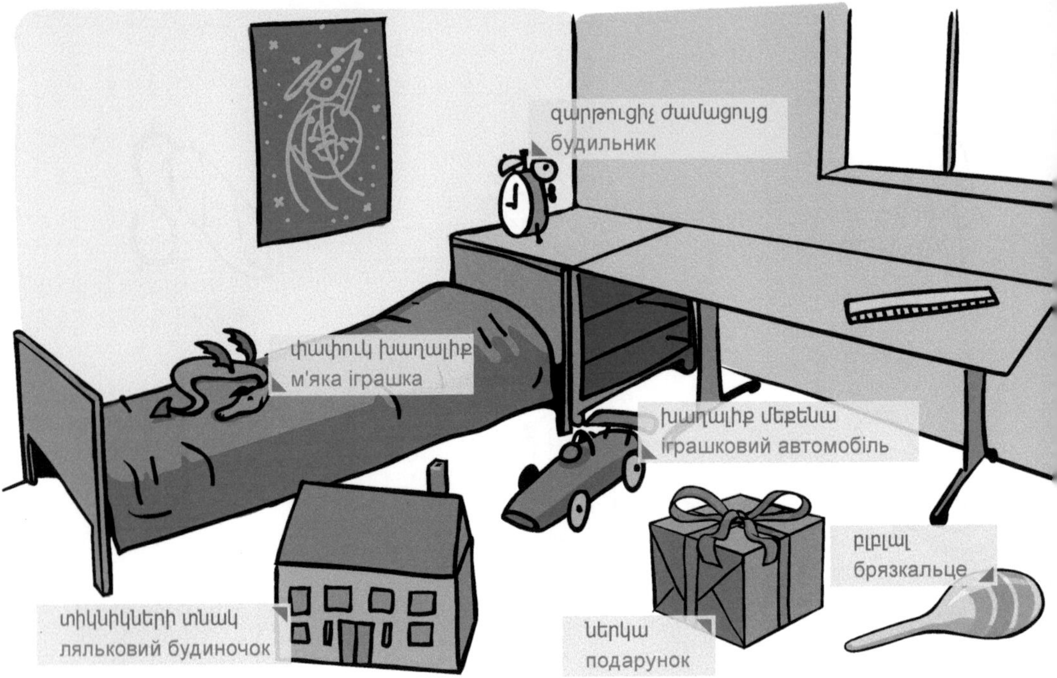

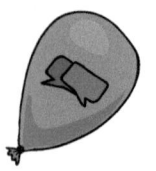

փուչիկ

повітряна кулька

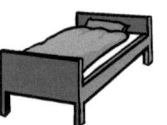

մահճակալ

ліжко

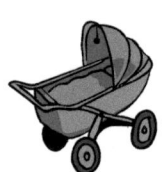

մանկական սայլակ

дитячий візок

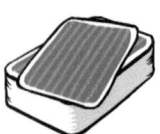

խաղաթղթեր

картярська гра

խճանկար

пазл

SUPER
MEGA

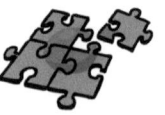

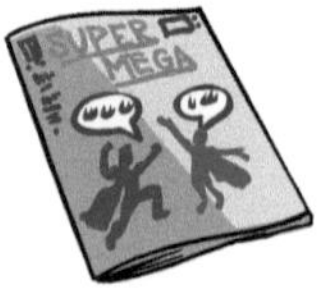

կոմիքս

комікс

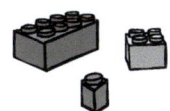

Լեգո կուբիկներ

лего цеглинки

կառուցողական
խաղալիքներ
блоки

ակցիան գործիչ

іграшкова фігурка

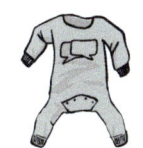

մանկական բողի

повзунки

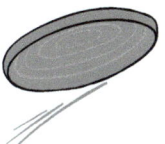

Frisbee

фризбі

շարժական

мобіле

խաղատախտակ

настільна гра

զառախաղ

кубик

գնացքների կազմ

модель залізнична станція

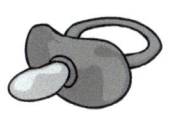

ծծակ

соска

կուսակցություն

вечірка

մանկական
պատկերազարդ գիրք
книжка з картинками

գնդակ

м'яч

տիկնիկ

лялька

խաղալ

грати

մանկական սենյակ - дитяча кімната

ավազե խաղահրապարակի

пісочниця

ռիթմ

гойдалка

խաղալիքներ

іграшка

վիդեո խաղ մխիթարել

гральна консоль

եռանիվ հեծանիվ

триколісний велосипед

խաղալիք արջուկ

плюшевий мішка

պահարան

шафа

հագուստ

одяг

կիսագուլպա

шкарпетки

գուլպա

панчохи

զուգագուլպա

колготки

շարֆ
шарф

հովանոց
парасоля

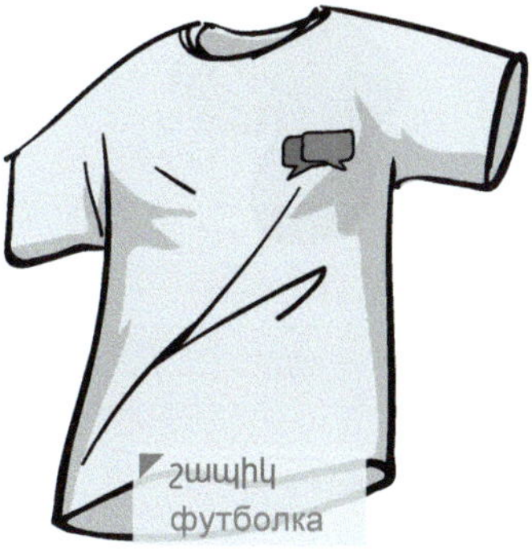

զգուդի
ремінь

շապիկ
футболка

սպորտային կոշիկներ
кросівки

կոշիկ
чоботи

հողաթափեր
домашнє взуття

սանդալներ
сандалі

կոշիկ
взуття

ռետինե կոշիկներ
гумові чоботи

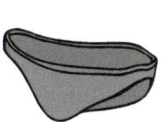
վարտիք
труси

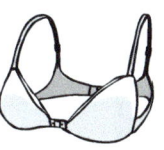
կրծկալ
бюстгальтер

մայկա
нижня сорочка

մարմին
боді

անդրավարտիք
штани

ջինս
джинси

կիսաշրջազգեստ
спідниця

բլուզ
блузка

վերնաշապիկ
сорочка

պուլովեր
пуловер

սպորտային կուրտկա
светр

պիջակ
піджак

կուրտկա
куртка

վերարկու
пальто

անձրևանոց
дощовик

կանացի կոստյում
костюм

զգեստ
сукня

հարսանյաց զգեստ
весільна сукня

տղամարդու կոստյում

костюм

գիշերանոց

нічна сорочка

պիժամա

піжама

Սարի

сарі

գլխաշորն

головна хустка

չալմա

чалма

չադրա

бурка

արևելյան խալաթ

кафтан

հաստ վերարկու

абая

կանացի լողազգեստ

купальник

տղամարդու լողազգեստ

плавки

շորտ

шорти

սպորտային համազգեստ

тренувальний костюм

գոգնոց

фартух

ձեռնոցներ

рукавички

կոճակ

гудзик

ակնոց

окуляри

ապարանջան

браслет

վզնոց

ланцюг

մատանի

кільце

ականջօղ

сережка

գլխարկ

шапка

կախիչ

плічка

գլխարկ

капелюх

փողկապ

краватка

շղթա

застібка-блискавка

սաղավարտ

шолом

տաբատակալ

підтяжки

դպրոցական համազգեստ

шкільна форма

համազգեստ

уніформа

մանկական գոգնոց

нагрудник

ծծակ

соска

մանկական տակդիր

підгузок

գրասենյակ

офіс

սերվեր
сервер
գրասենյակային պահարան
шаф для документів
տպիչ
принтер
թուղթ
папір
մոնիտոր
монітор
գրասեղան
письмовий стіл
մկնիկ
миша
թղթապանա
կ
папка
синтезатор
աղբարկղ
кошик для паперу
համակարգիչ
комп'ютер
աթոռ
стілець

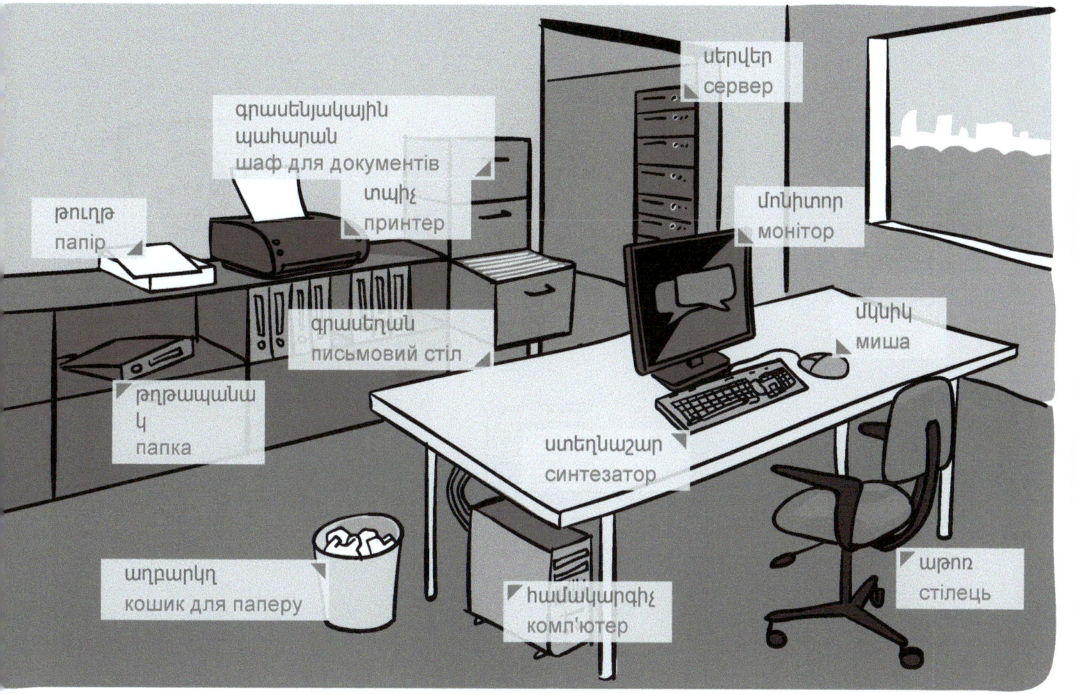

սուրճի գավաթ

кавовий кухоль

հաշվիչ

калькулятор

ինտերնետ

інтернет

գրասենյակ - офіс 49

laptop

ноутбук

նամակ

лист

հաղորդագրություն

повідомлення

բջջային հեռախոս

мобільний телефон

ցանց

мережа

պատճենահանման սարք

копіювальний пристрій

ծրագրային ապահովում

програмне забезпечення

հեռախոս

телефон

վարդակ

розетка

ֆաքսի մեքենա

факс

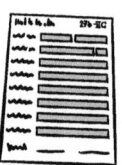

տեսակ

бланк

փաստաթուղթ

документ

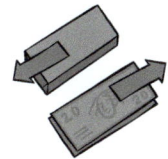

գնել

купувати

վճարել

платити

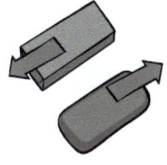

առեւտրի

торгувати

փող

гроші

դոլար

долар

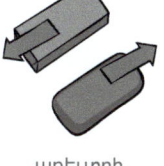

եվրո

євро

իեն

ієна

ռուբլի

рубль

շվեյցարական ֆրանկ

франк

յուան

юанів женьміньбі

ռուպի

рупія

բանկոմատ

банкомат

փոխանակման կետ

обмінний пункт

ոսկի

золото

արծաթ

срібло

նավթ

нафта

էներգիա

енергія

գին

ціна

պայմանագիր

контракт

հարկ

податок

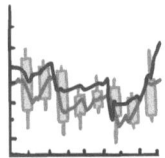

ակցիաներ

акція

աշխատանք

працювати

ծառայող

працівник

գործատուն

роботодавець

գործարան

фабрика

խանութ

магазин

մասնագիտություն

професії

ոստիկան
поліцейський
հրշեջ
пожежник
խոհարար
повар
բժիշկ
лікар
օդաչու
пілот

այգեպան

садівник

ատաղձագործ

столяр

դերձակուհի

швачка

դատավոր

суддя

քիմիկոս

хімік

դերասան

актор

ավտոբուսի վարորդ

водій автобуса

տաքսու վարորդ

таксист

ձկնորս

рибалка

հավաքարար

прибиральниця

տանիքագործ

покрівельник

մատուցող

офіціант

որսորդ

мисливець

նկարիչ

художник

հացթուխ

пекар

էլեկտրատեխնիկ

електрик

շինարար

будівельник

ինժեներ

інженер

մսագործ

забійник

ջրմուղագործ

бляхар

փոստատար

листоноша

զինվոր

солдат

ճարտարապետ

архітектор

գանձապահ

касир

ծաղկավաճառ

флорист

վարսավիր

перукар

տոմսավաճառ

кондуктор

մեխանիկ

механік

կապիտան

капітан

ատամնաբույժ

дантист

գիտնական

вчений

ռաբբի

рабин

Իմամ

імам

կուսակրոն

монах

հոգևորական

пастор

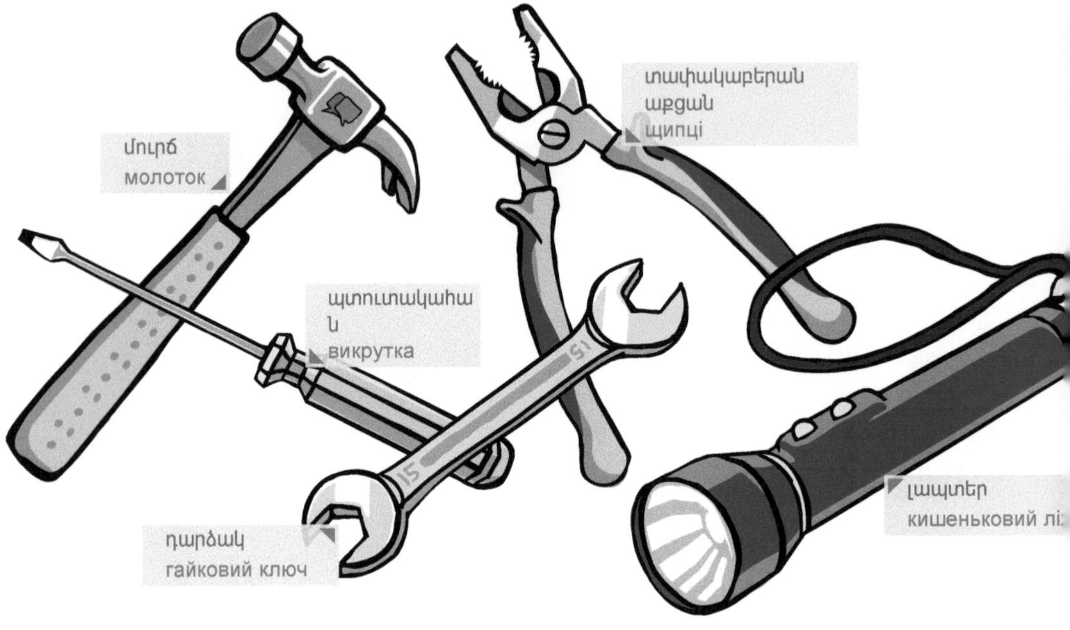

մուրճ
молоток
տափակաբերան
աքցան
щипці
պտուտակահա
ն
викрутка
դարձակ
гайковий ключ
լապտեր
кишеньковий лі

էքսկավատոր

екскаватор

գործիքների տուփ

ящик для інструментів

սանդուղք

драбина

սղոց

пилка

մեխեր

цвяхи

գայլիկոն

свердло

նորոգում

ремонтувати

բահ

лопата

գրողը տանի

лайно!

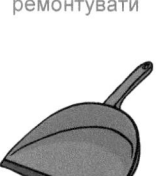

գոգաթիակ

совок

ներկաման

відро з фарбою

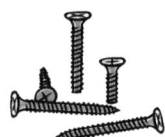

պտուտակներ

гвинти

երաժշտական գործիքներ

музичні інструменти

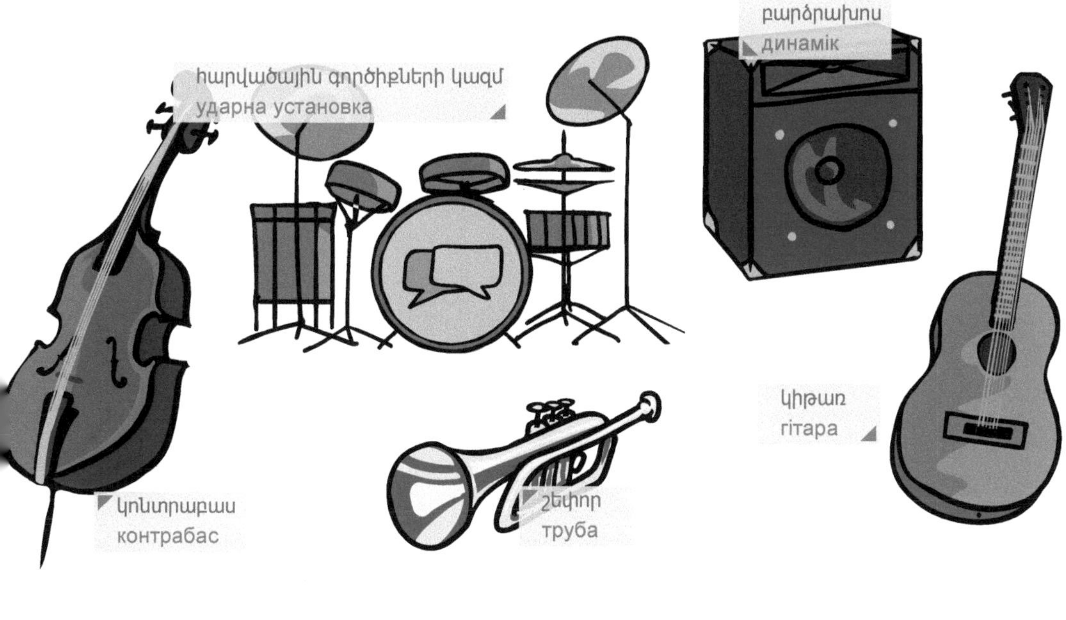

բարձրախոս
динамік
հարվածային գործիքների կազմ
ударна установка
կիթառ
гітара
կոնտրաբաս
контрабас
շեփոր
труба

դաշնամուր

фортепіано

ջութակ

скрипка

բաս

бас

թմբուկներ

литаври

հարվածային գործիքներ

барабан

ստեղնաշար

клавіатура

սաքսոֆոն

саксофон

ֆլեյտա

флейта

միկրոֆոն

мікрофон

կենդանաբանական այգի

зоопарк

մուտք
вхід
վագր
тигр
վանդակ
клітка
զեբր
зебра
կենդանիների կերակուր
корм
պանդա
панда

կենդանիներ

тварини

փիղ

слон

կենգուրու

кенгуру

ռնգեղջյուր

носоріг

գորիլա

горила

գորշ արջ

ведмідь

ուղտ

верблюд

ջայլամ

страус

առյուծ

лев

կապիկ

мавпа

Ֆլամինգո

фламінго

թութակ

папуга

բևեռային արջ

білий ведмідь

պինգվին

пінгвін

շնաձուկ

акула

սիրամարգ

павич

օձ

змія

կոկորդիլոս

крокодил

կենդանաբանական այգու
աշխատող

працівник зоопарку

փոկ

тюлень

յագուար

ягуар

պոնի
....
поні

ընձառյուծ
....
леопард

գետաձի
....
гіпопотам

ընձուղտ
....
жираф

արծիվ
....
орел

վարազ
....
кабан

ձուկ
....
риба

կրիա
....
черепаха

ծովացուլ
....
морж

աղվես
....
лисиця

վիթ
....
газель

ամերիկյան ֆուտբոլ
американський футбол

հեծանվավազք
їзда на велосипеді

թենիս
теніс

բասկետբոլ
баскетбол

լող
плавання

բռնցքամարտ
бокс

հոկեյ
хокей

ֆուտբոլ
футбол

բադմինտոն
бадмінтон

աթլետիկա
легка атлетика

ձեռքի գնդակ
гандбол

դահուկային սպորտ
лижні перегони

պոլո
поло

ծիծաղել
сміятися
ցատկել
стрибати
գրկել
обіймати
քայլել
йти
երգել
співати
երազել
мріяти
աղոթել
молитися
համբուրել
цілувати

գրել

писати

նկարել

малювати

ցույց տալ

показувати

հրել

тиснути

տալ

давати

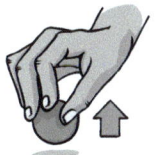

վերցնել

брати

ունենալ

мати

դեպի

робити

լինել

бути

կանգնել

стояти

վազել

бігати

քաշել

тягнути

նետել

кидати

ընկնել

падати

ստել

лежати

սպասել

очікувати

կրել

носити

նստել

сидіти

հագնվել

одягати

քնել

спати

արթնանալ

просипатися

նայել
дивитися

լացել
плакати

շոյել
гладити

սանրվել
розчісувати

խոսել
розмовляти

հասկանալ
розуміти

հարցնել
питати

լսել
слухати

խմել
пити

ուտել
їсти

հարդարվել
прибирати

սիրել
любити

խոհարար
варити

քշել
їхати

թռչել
літати

լողալ

йти під вітрилом

հաշվել

рахувати

կարդալ

читати

սովորել

вчитися

աշխատանք

працювати

ամուսնանալ

одружуватися

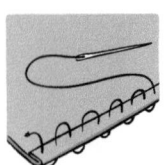

կարել

шити

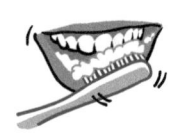

ատամները լվանալ

чистити зуби

սպանել

убивати

ծուխ

курити

ուղարկել

посилати

տատիկ
бабуся

պապիկ
дідуся

հայր
батько

մայր
мати

երեխա
немовля

դուստր
донька

որդի
син

հյուր

гість

հորաքույր

тітка

հորեղբայր

дядько

եղբայր

брат

քույր

сестра

մարմին

тіло

ճակատ
чоло
աչք
око
ուս
плече
մատ
палець
դեմք
обличчя
կզակ
підборіддя
ձեռք
кисть
կուրծք
груди
ոտք
нога
թև
рука

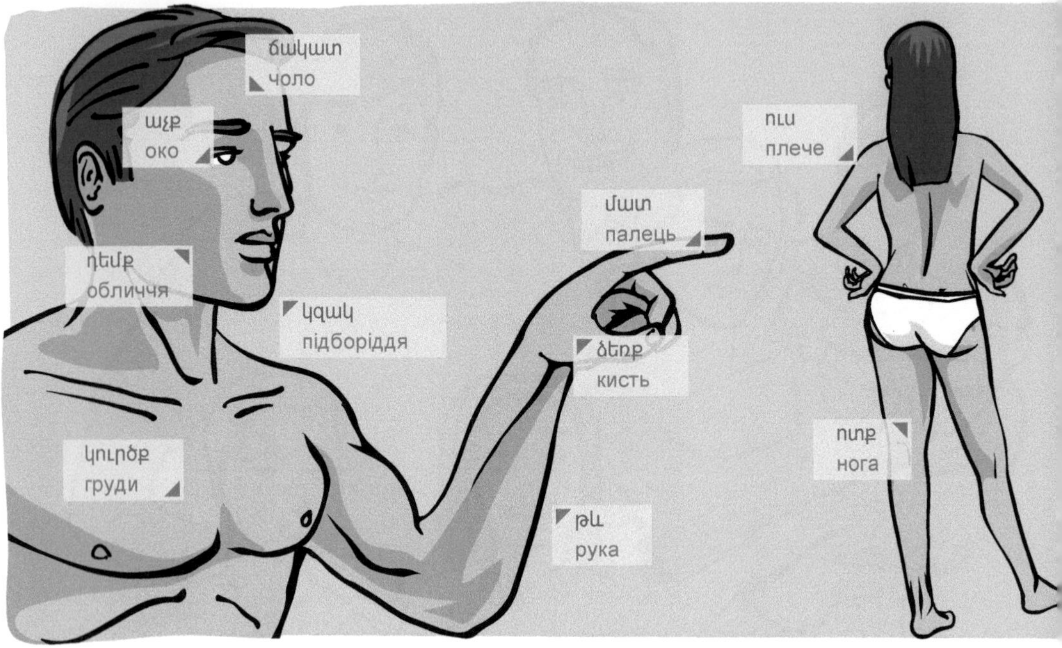

երեխա

немовля

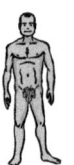

մարդ

чоловік

կին

жінка

աղջիկ

дівчина

տղա

хлопчик

գլուխ

голова

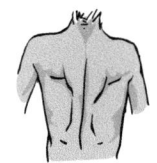

Մեջք

спина

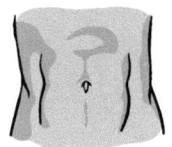

փոր

живіт

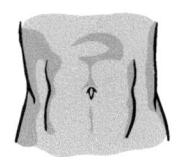

պորտ

пуп

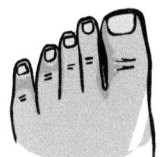

ոտնամատ

палець ноги

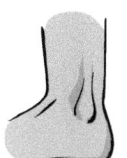

կրունկ

п'ята

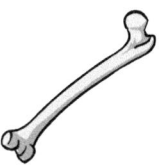

ոսկոր

кістка

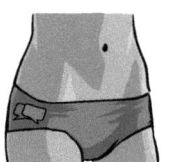

ազդր

стегно

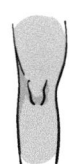

ծունկ

коліно

արմունկ

лікоть

քիթ

ніс

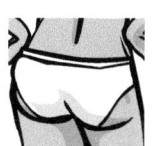

հետույք

сідниці

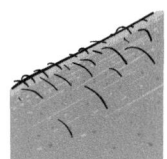

մաշկ

шкіра

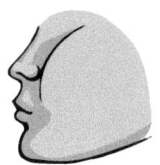

այտ

щока

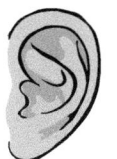

ականջ

вухо

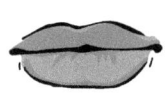

շրթունք

губа

բերան

рот

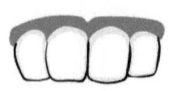

ատամ

зуб

լեզու

язик

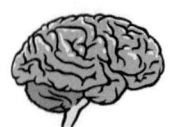

ուղեղ

мозок

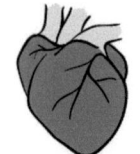

սիրտ

серце

մկան

м'яз

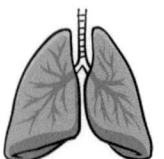

թոք

легені

լյարդ

печінка

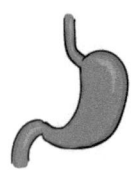

ստամոքս

шлунок

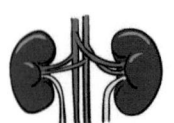

երիկամներ

нирки

սեքս

статевий акт

պահպանակներ

презерватив

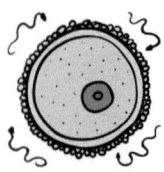

ձվաբջիջը

яйцеклітина

Սեմյոն

сперма

հղիություն

вагітність

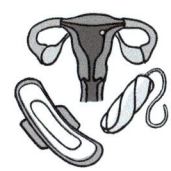

դաշտան

менструація

հեշտոց

вагіна

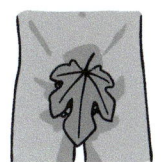

առնանդամ

пеніс

հոնք

брова

մազ

волосся

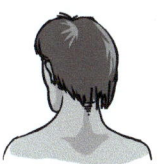

պարանոց

шия

հիվանդանոց
лікарня

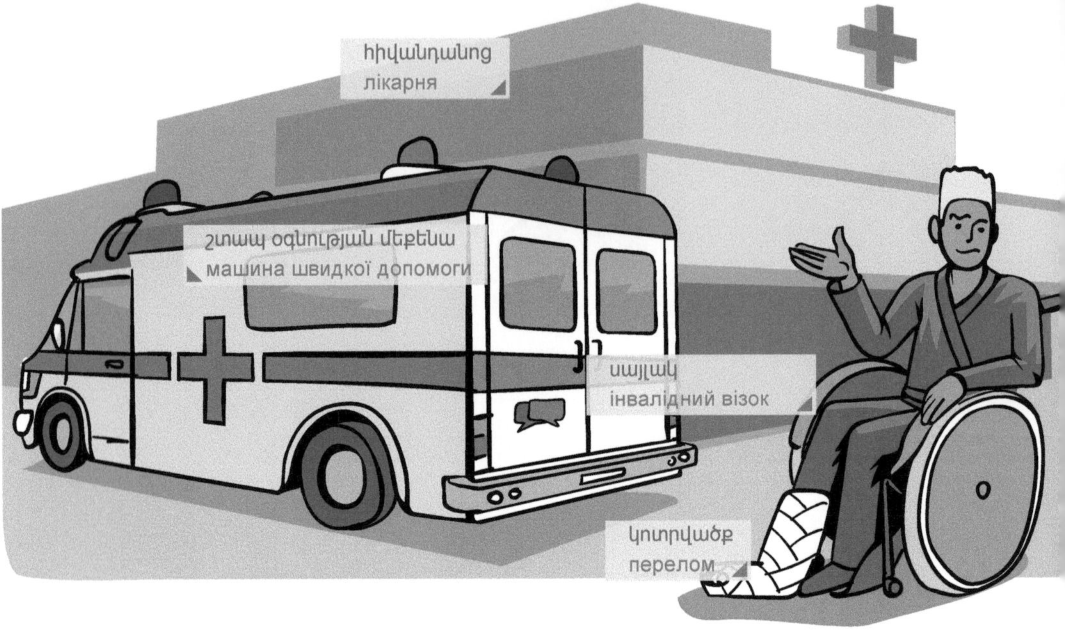

հիվանդանոց
лікарня
շտապ օգնության մեքենա
машина швидкої допомоги
սայլակ
інвалідний візок
կոտրվածք
перелом

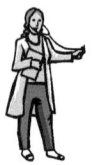

բժիշկ

лікар

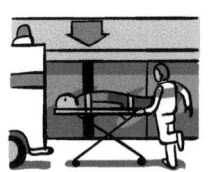

շտապ օգնության սենյակ

відділення швидкої медичної допомоги

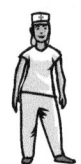

բուժքույր

медсестра

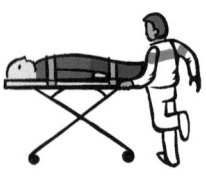

շտապ օգնություն

аварійний випадок

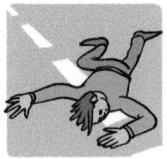

անգիտակից

непритомний

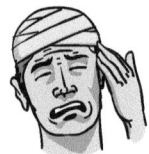

ցավ

біль

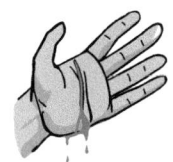

վնասվածք

травма

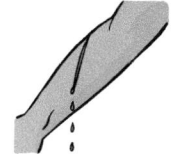

արյունահոսություն

кровотеча

սրտի կաթված

інфаркт

կաթված

інсульт

ալերգիա

алергія

հազ

кашель

տենդ

лихоманка

գրիպ

грип

փորլուծություն

пронос

գլխացավ

головна біль

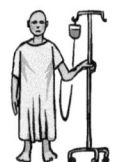

քաղցկեղ

рак

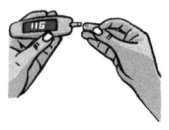

դիաբետ

діабет

վիրաբույժ

хірург

վիրադանակ

скальпель

վիրահատություն

операція

CT

КТ

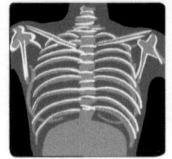

ռենտգեն

рентген

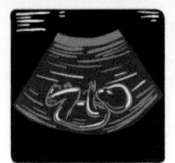

ուլտրաձայնային

ультразвук

դեմքի դիմակ

маска

հիվանդություն

хвороба

սպասասրահ

зал очікування

հենակ

милиця

սպեղանի

пластир

վիրակապ

пов'язка

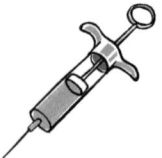

ներարկում

ін'єкція

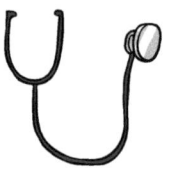

լսափողակ

стетоскоп

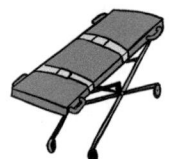

պատգարակ

ноші

ջերմաչափ

термометр

ծնունդ

народження

ավելաքաշ

надмірна вага

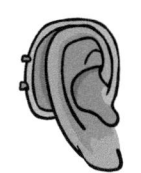

լսելով օգնության

слуховий апарат

ախտահանիչ

дезінфікуючий засіб

վարակ

інфекція

վիրուս

вірус

ՄԻԱՎ / ՁԻԱՀ

ВІЛ / СНІД

դեղորայք

медицина

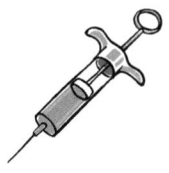

պատվաստում

вакцинація

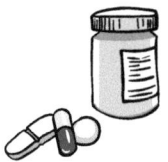

հաբեր

таблетки

հաբ

протизаплідна пігулка

ահազանգ

екстрений виклик

արյան ճնշման չափիչ սարք

тонометр

հիվանդ / առողջ

хворий / здоровий

Շտապ օգնություն

аварійний випадок

Օգնություն!

Допоможіть!

տագնապի ազդանշան

сигнал тривоги

հարձակում

напад

հարձակում

атака

վտանգ

небезпека

վթարային ելք

аварійний вихід

Հրդեհ

Вогонь!

կրակմարիչ

вогнегасник

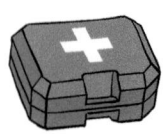

վթար

аварія

առաջին օգնության դեղարկղ

аптечка

SOS

СОС

ոստիկանություն

поліція

երկիր
Земля

Եվրոպա

Європа

Հյուսիսային Ամերիկա

Північна Америка

Հարավային Ամերիկա

Південна Америка

Աֆրիկա

Африка

Ասիա

Азія

Ավստրալիա

Австралія

Ատլանտյան օվկիանոս

Атлантика

Խաղաղ օվկիանոս

Тихий океан

Հնդկական օվկիանոս

Індійський океан

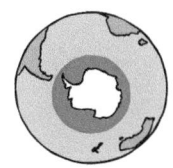

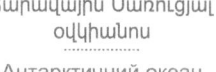

Հարավային Սառուցյալ օվկիանոս

Антарктичний океан

Հյուսիսային Սառուցյալ օվկիանոս

Північний Льодовитий океан

հյուսիսային բևեռ

Північний полюс

հարավային բևեռ

Південний полюс

Անտարկտիդա

Антарктика

երկիր

Земля

ցամաք

суша

ծով

море

կղզի

острів

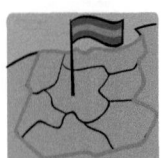

ազգ

нація

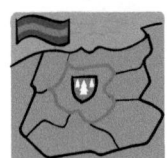

պետական

держава

ժամացույց

годинник

թվատախտակ

циферблат

ժամի սլաք

годинникова стрілка

րոպեի սլաք

хвилинна стрілка

վայրկյանի սլաք

секундна стрілка

Ժամը քանիսն է?

Котра година?

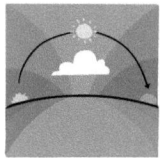

օր

день

այսպիսով

час

այժմ

зараз

թվային ժամացույց

цифровий годинник

րոպե

хвилина

ժամ

година

тиждень

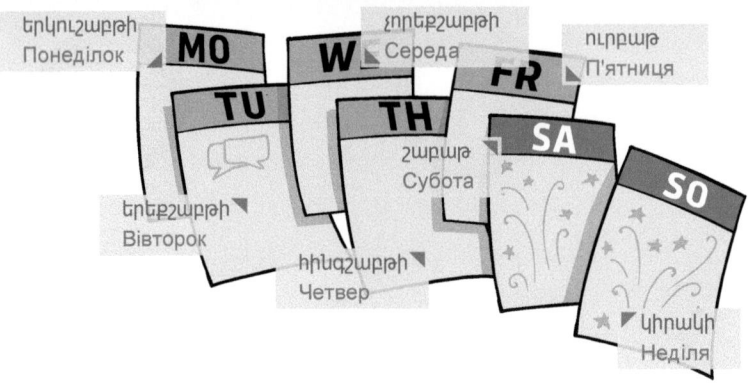

երկուշաբթի
Понеділок

MO

TU

երեքշաբթի
Вівторок

W
չորեքշաբթի
Середа

TH
հինգշաբթի
Четвер

FR

ուրբաթ
П'ятниця

SA
շաբաթ
Субота

SO

կիրակի
Неділя

այսոր
....
вчора

այսոր
....
сьогодні

վաղը
....
завтра

առավոտ
....
ранок

կեսօր
....
опівдні

երեկո
....
вечір

MO	TU	WE	TH	FR	SA	SU
1	2	3	4	5	6	7
8	9	10	11	12	13	14
15	16	17	18	19	20	21
22	23	24	25	26	27	28
29	30	31	1	2	3	4

աշխատանքային օրեր
....
робочі дні

MO	TU	WE	TH	FR	SA	SU
1	2	3	4	5	6	7
8	9	10	11	12	13	14
15	16	17	18	19	20	21
22	23	24	25	26	27	28
29	30	31	1	2	3	4

շաբաթվա վերջ
....
кінець робочого тижня

անձրև
дощ
ծիածան
веселка
քամի
вітер
ձյուն
сніг
գարուն
весна
ամառ
літо
աշուն
осінь
ձմեռ
зима

եղանակի տեսություն

прогноз погоди

ջերմաչափ

термометр

արեւի լույս

сонячне світло

ամպ

хмара

մառախուղ

туман

խոնավություն

вологість повітря

կայծակ
....
блискавка

որոտ
....
грім

փոթորիկ
....
шторм

կարկուտ
....
град

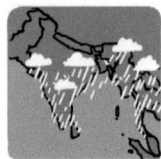

մուսոն
....
мусон

ջրհեղեղ
....
повінь

սառույց
....
лід

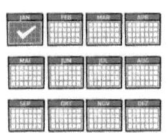

հունվար
....
Січень

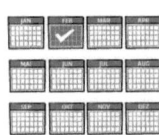

փետրվար
....
Лютий

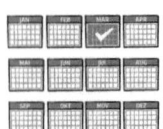

մարտ
....
Березень

ապրիլ
....
Квітень

մայիս
....
Травень

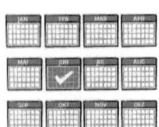

հունիս
....
Червень

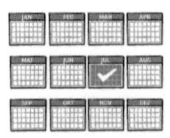

հուլիս
....
Липень

օգոստոս
....
Серпень

սեպտեմբեր

Вересень

հոկտեմբեր

Жовтень

նոյեմբեր

Листопад

դեկտեմբեր

Грудень

ձեւավորում

форми

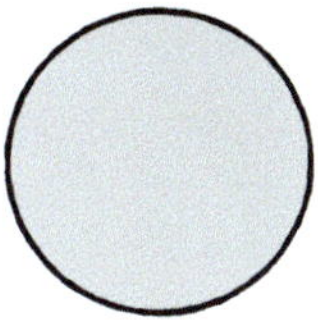

շրջան

круг

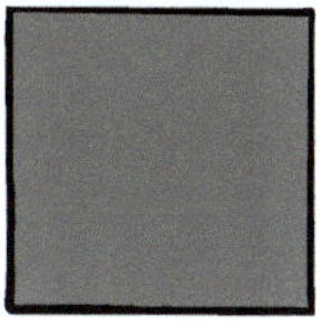

քառակուսի

квадрат

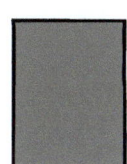

ուղղանկյունի

прямокутник

եռանկյունի

трикутник

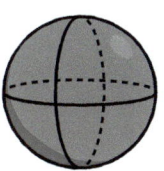

ապարեգ

куля

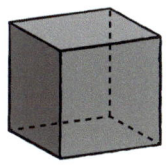

խորանարդ

куб

գույներ

фарби

վարդագույն

білий

մոխրագույն

жовтий

դեղին

помаранчевий

մանուշակագույն

рожевий

կարմիր

червоний

շագանակագույն

фіолетовий

կապույտ

синій

սև

зелений

նարնջագույն

коричневий

սպիտակ

сірий

կանաչ

чорний

հակադիրներ
протилежності

շատ / քիչ

багато / мало

բարկացած / հանգիստ

лютий / мирний

գեղեցիկ / տգեղ

гарний / бридкий

սկսած / վերջը

початок / кінець

մեծ / փոքր

великий / малий

պայծառ / մութ

світлий / темний

եղբայրը / քույրը

брат / сестра

մաքուր / կեղտոտ

чистий / брудний

ամբողջական / թերի

завершений / незавершений

օր / գիշեր

день / ніч

մեռած / կենդանի

мертвий / живий

լայն / նեղ

широкий / вузький

ուտելի / անուտելի

їстівний / неїстівний

չար / բարի

злий / дружній

հուզված / ձանձրացրել

збуджений / нудьгуючий

հաստ / բարակ

товстий / тонкий

առաջին / վերջին

спочатку / востаннє

ընկերը / թշնամին

друг / ворог

լիքը / դատարկ

повний / порожній

կոշտ / փափուկ

жорсткий / м'який

ծանր / թեթև

важкий / легкий

քաղց / ծարավ

голод / спрага

հիվանդ / առողջ

хворий / здоровий

անօրինական է /
իրավաբանական

незаконний / законний

Խելացի / հիմարություն

розумний / дурний

ձախ / աջ

вліво / вправо

մոտիկ / հեռու

поруч / далеко

Նոր / օգտագործվում

новий / використаний

ոչինչ / ինչ - որ բան

нічого / щось

ծեր / երիտասարդ

старий / молодий

միացում անջատում

вкл / викл

բաց / փակ

відкрито / закрито

ցածր / բարձր

тихо / гучно

հարուստ / աղքատ

багатий / бідний

ճիշտ / սխալ

правильно / неправильно

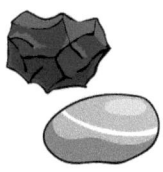

անհարթ / հարթ

шорсткий / гладкий

տխուր / ուրախ

сумний / щасливий

կարճ / երկար

короткий / довгий

դանդաղ / արագ

повільно / швидко

թաց / չոր

вологий / сухий

տաք / թույն

гарячий / холодний

պատերազմ /
խաղաղությունը
війна / мир

թվեր
числа

0

զրո

нуль

1

մեկ

один

2

երկու

два

3

երեք

три

4

չորս

чотири

5

հինգ

п'ять

6

վեց

шість

7

յոթ

сім

8

ութ

вісім

9

ինը

дев'ять

10

տաս

десять

11

տասնմեկ

одинадцять

12

տասներկու

дванадцять

13

տասներեք

тринадцять

14

տասնչորս

чотирнадцять

15

տասնհինգ

п'ятнадцять

16

տասնվեց

шістнадцять

17

տասնյոթ

сімнадцять

18

տասնութ

вісімнадцять

19

տասնինը

дев'ятнадцять

20

քսան

двадцять

100

հարյուր

сто

1.000

հազար

тисяча

1.000.000

միլիոն

мільйон

լեզուներ

мови

անգլերեն

англійська

ամերիկյան անգլերեն

американська англійська

չինարեն մանդարին

китайська високочиновницька

հինդի

хінді

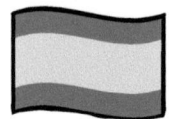

իսպաներեն

іспанська

ֆրանսերեն

французька

արաբերեն

арабська

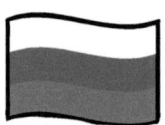

ռուսերեն

російська

պորտուգալերեն

португальська

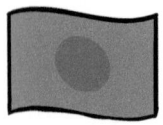

բենգալերեն

бенгальська

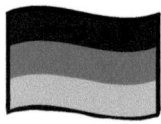

գերմաներեն

німецька

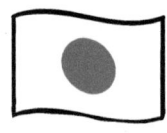

ճապոներեն

японська

Ով է /, թե ինչ է /, ինչպես
хто / що / як

ես

я

դուք

ти

Նա / նա /, որ դա

він / вона / воно

մենք

ми

դուք

ви

նրանք

вони

Ով է?

хто?

ինչ?

що?

ինչպես?

як?

որտեղ.

де?

երբ?

коли?

անուն

ім'я

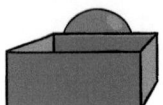

որտեղ

де

ետևում

зззаду

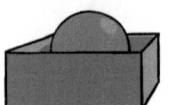

մեջ

в

դիմաց

перед

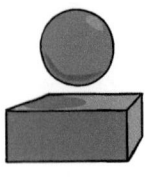

վրա

над

վրա

на

տակ

під

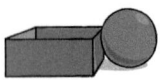

կողքին

біля

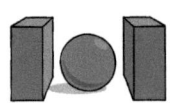

միջեւ

між

տեղ

місце